FSC
www.fsc.org
MIX
Papier aus verantwortungsvollen Quellen
FSC® C084279

2. Auflage 2013

Erschienen bei FISCHER Duden Kinderbuch

Lektorat: Sophia Marzolff
Fachberatung: Ulrike Holzwarth-Raether
Illustration Lesedetektive: Barbara Scholz
Layout und Satz: Michelle Vollmer, Mainz
Umschlaggestaltung: Mischa Acker, Brühl

Druck und Bindung: Print Consult GmbH, München
Printed in Czech Republic
ISBN 978-3-7373-3539-3

Lesedetektive

Ein Tag auf dem Pferdehof

Martin Klein

mit Bildern von Catharina Westphal

FISCHER Duden Kinderbuch

Artur schaut hinüber zu Sarah.
Das macht er oft. Heimlich natürlich.
Artur überlegt.
Soll er sie heute schon fragen?
Oder lieber noch einen Tag warten?
Morgen ist das Schulfest.
Dabei ergibt sich vielleicht
eine bessere Gelegenheit.
Vielleicht aber auch nicht.

Artur stellt sich vor, wie er
neben Sarah im dunklen Kinosaal sitzt.
Über die Leinwand toben
„Die Megagroben Karatekicker“.
Artur beruhigt Sarah,
wenn es sehr aufregend wird.
Zwischendurch essen sie Popcorn.

1. Fall: Wer tobt über Arturs Kinoleinwand?

die Megra-
groben Karate-
kicker

Neben Sarah steht wie immer ihre
Schultasche mit den Pferdebildern.
Auf dem Pult liegen
ihre Schreib- und Rechenhefte.
Allesamt mit Pferdebildern.
Auf dem Malblock: ein Pferdebild.
Auf der Dose mit dem Pausenbrot:
ein Pferdebild.

die Mega-
groben Karao-
kicker

die Mega-
groben Karate-
kicker

In der nächsten kleinen Pause rennen
alle Kinder aus dem Klassenraum.
Sarah bleibt sitzen und malt.
Das ist Arturs Chance.
Er schlendert hinüber.
Sarah malt ein Pferd.
Sie schaut hoch. „Was gibts?“

„Ich …“, sagt Artur. „… wollte nur … sagen, dass ich – ähm dich …“
„Ja?“ Sarah lächelt.
Artur verlässt der Mut.
Trotz Lächeln. Oder gerade deshalb.
„Ich wollte sagen, dass ich …
Pferde! Genau, dass ich Pferde ganz schön …“
„Ganz schön was?“
„… doof finde“,
hört Artur sich sagen.

„Aber sie sind nicht so doof
wie Jungs“, erwidert Sarah ohne Lächeln.
„Wie konnte ich es nur vergessen“,
denkt Artur.
Wovor muss man sich immer hüten?
Vor Mädchen und vor Pferden!
Zu Hause verfasst Artur eine Liste.
Damit er es nicht noch einmal vergisst.
Er heftet sie über sein Bett.

Arturs Schlimmer-Mädchenkram-Liste:

– die Farbe Rosa
(besonders bei Pferdemähnen)

– Glitzerkleidung
(besonders mit Pferdemotiven)

– Puppen
(besonders Barbiepuppen auf Pferden)

– Pferde (besonders solche mit Namen wie Wirbelwind oder Valentino)

Beim Fest am nächsten Tag
beachtet Artur Sarah nicht.
Trotzdem ist alles schön.
Die Kinder, Lehrer und Eltern
machen jede Menge Spiele.
Es gibt Saft, Kuchen und Waffeln.
Alle können Lose für
eine Tombola ziehen. Die Preise
sind auf einem Tisch aufgebaut.
Spielzeug, Bücher,
sogar ein Fußball ist dabei.
Zwei kleine Holzpferde
haben einen besonderen Platz.

Zum Abschluss des Festes
werden die Preise verlost.
Ein Gewinn nach dem anderen
wandert zu seinem neuen Eigentümer.
Bald ist alles vergeben.
Nur die Holzpferde
stehen noch an ihrem Platz.
„Nun zu den beiden Hauptgewinnen!“,
verkündet die Klassenlehrerin.
„Jeweils ein Tag auf dem Pferdehof!
Mit Reitstunde und Kutschfahrt!“

Arturs Los
hat die Nummer Dreiundzwanzig.
„Erstens die Nummer Acht …“
„Die hab ich!“, jubelt Sarah.
„… und zweitens die Dreiundzwanzig!“
Im nächsten Moment steht Artur
mit einem Holzpferd in der Hand
neben Sarah. Alle klatschen.
„Gratuliere“, sagt Artur zu Sarah.
„Ebenfalls“, sagt sie
und streckt ihm die Zunge raus.

Artur betrachtet aus dem Auto
die Landschaft.
Wiesen und Felder ziehen vorüber.
Er muss seinen Gewinn nicht annehmen.
Er könnte ihn noch immer ablehnen.
„Dreh bitte um, Mama!“,
könnte er rufen. „Ein Tag auf
dem Pferdehof ist zu viel für mich.“

Dann würde er natürlich
auch Sarah nicht treffen.
Macht eigentlich gar nichts.
„Dreh bitte …“, sagt Artur.
„Ja?“ Die Mutter schaut
ihn im Rückspiegel an.
„… das Radio leiser“,
sagt Artur. „Es nervt.“
„Pferde nerven auch“, denkt Artur.
„Und Mädchen. Aber was solls.“

2. Fall: Was stimmt?
Der Koloss ist

riesig groß.

Lesen lernen

Die ersten Lernjahre entscheiden darüber, ob ein Mensch das fließende Lesen und Schreiben erlernt oder nicht. Das Lesenlernen sollte deswegen frühzeitig gefördert und unterstützt werden.

Die Heranführung an das Lesen sollte immer auf die Fähigkeiten des Kindes abgestimmt sein, sollte fordern, aber nicht überfordern. Mit zunehmender Übung bauen die Kinder ihre Lesekompetenz Schritt für Schritt aus. Für den Einstieg in das Lesenlernen bieten sich Erstlesebücher an, die die Kinder zum Lesen motivieren.

Sorgen Sie dafür, dass Ihr Kind nicht gleich am Anfang seiner Lesekarriere durch zu viel Text überfordert wird und frustriert aufgibt. Denn nur ein selbstbewusster Leser, der nicht überfordert wird, liest gerne. Lesen Sie gemeinsam mit Ihrem Kind, um herauszufinden, auf welcher Lesestufe es steht und welche Texte geeignet sind.

Detektivwerkzeug zur Erfolgskontrolle!

Leseförderung mit System

Pfiffige Geschichten und Illustrationen zeichnen gute Kinderbücher aus. Die Erstlesereihe von Duden geht noch einen Schritt weiter – denn Leseförderung heißt auch, Leseanfänger darin zu unterstützen, die Bedeutung von Texten zu erfassen. Dafür sorgt der kleine Lesedetektiv mit auflockernden Verständnisfragen, die der jeweiligen Lesestufe des Kindes entsprechen.

Die vier Lesestufen

- **1. Klasse:** Sehr große Schrift, hoher Illustrationsanteil und kurze Zeilen. Die Geschichten sind klar und einfach strukturiert. Umfang: 32 Seiten.
- **2. Klasse:** Große Schrift, umfangreichere Zeilen und Sinnabschnitte. Hoher Illustrationsanteil. Die Geschichten werden komplexer. Umfang: 32 Seiten.
- **3. Klasse:** Für fortgeschrittene Leser. Die Schrift ist kleiner, die Geschichten sind länger und in Kapitel unterteilt. Mehr Text als Illustrationen. Umfang: 48 Seiten.
- **4. Klasse:** Für geübte Leser. Eine lange, anspruchsvolle Geschichte mit textbegleitenden Illustrationen. Umfang: 48 Seiten.

Gezielte Fragen zum Textverständnis

Die Frageleisten am unteren Seitenrand heben sich optisch von der Lesegeschichte ab und stellen unterschiedliche Anforderungen an den Leser:

- Es gibt Fragen, die dazu auffordern, die richtige Schreibweise eines Wortes zu prüfen.
- Fragen zum Inhalt trainieren das Wiedererkennen von Informationen im Text und damit das sinnerfassende Lesen.
- Fragen zum Textzusammenhang leiten dazu an, Schlussfolgerungen aus dem Gelesenen zu ziehen und den Zusammenhang zu verstehen.
- Alle Bände enden mit Schlussfragen, die zum Weiterdenken anregen.

Lesezeichen und Detektivwerkzeug

Jedes Buch der Reihe enthält ein Lesezeichen, das an das Lesebändchen gebunden werden kann. Es ist gleichzeitig ein Detektivwerkzeug, das den Kindern die Möglichkeit bietet, selbstständig und auf spielerische Weise das eigene Textverständnis zu kontrollieren. Denn Erfolgserlebnisse unterstützen die Entwicklung zum selbstbewussten Leser.

„Wir sind da“, sagt Arturs Mama
und biegt auf einen Parkplatz ein.
Daneben befinden sich eine Wiese
und ein großes Stallgebäude.
Auf der Wiese grast eine Gruppe Pferde.
Ein paar heben die Köpfe
und stellen die Ohren auf.
Artur und seine Mutter gehen
ganz nah an ihnen vorbei.
Mann, sind die groß!
Kolosse auf Hufen.

sehr ge-
fährlich.

sehr ver-
fressen.

Am Hofeingang
wartet eine Frau in Reitstiefeln.
„Du bist bestimmt Artur.
Herzlich willkommen! Ich heiße Agnes.
Ich werde mich heute um euch kümmern.“
Agnes nimmt Artur in Empfang, und
schon fährt die Mutter wieder davon.
„Um euch“, hat Agnes gesagt.
Artur schaut sich verstohlen um.
Ob Sarah schon da ist?
Er spürt einen Schmerz am Unterarm.
Wah! Eine fette Pferdebremse!
Artur springt vor Schreck zurück.
Aber das nützt gar nichts.
Da haut er sich selbst auf den Arm,
dass es laut klatscht.

„Keine Panik, die beißen nicht“, sagt eine Stimme hinter ihm. „Die stechen nur.“ Sarah kichert und Artur betrachtet verdrießlich den roten Fladen auf seiner Haut. „Am besten, du beachtest den Stich gar nicht“, sagt Agnes. „Der verschwindet schnell wieder. Hast du schon einmal auf einem Pferd gesessen?“ Artur schüttelt den Kopf.

3. Fall: Was ist richtig?
Wie Fliegen haben auch Pferdebremsen

4 Beine.

„Ich schon“, sagt Sarah. „Ich kann auch allein aufsitzen.“
„Kann ich auch“, sagt Artur.
Agnes grinst. „Ich darf es dir aber trotzdem noch einmal zeigen, oder?“
Gemeinsam holen sie zwei Sättel aus dem Stallgebäude.
Sarah trägt den einen, Artur den anderen.

6 Beine.

8 Beine.

Ein spezieller Geruch
steigt ihm in die Nase. Der Sattel
riecht nach Leder und nach Bauernhof.
Arturs Herz schlägt schneller.
An einer Koppel recken ihnen zwei
Shetlandponys die Köpfe entgegen.

„Die gehören zu den kleinsten Pferden,
die es gibt“, sagt Sarah.
Dafür findet Artur sie ziemlich groß.
„Die beiden sind
vollkommen gutmütig“, sagt Agnes.
„Sie heißen übrigens
Wirbelwind und Valentino.“

Agnes, Artur und Sarah
betreten die Koppel. Die Ponys
kommen ihnen schnuppernd entgegen.
Agnes holt zwei Äpfel aus der Tasche.
„Gebt ihr sie ihnen?“
„Einfach auf der flachen Hand
hinhalten“, sagt Sarah.

„Weiß ich selbst“, erwidert Artur.
Doch kaum hat er den Apfel,
wird er angerempelt.
„Uff!“ Artur japst auf.
Der Apfel landet auf dem Boden.
Ein großes Maul beugt sich danach
und beißt krachend hinein.

„Gierschlund!“
Agnes schaut Artur entschuldigend an.
„Valentino ist ganz wild auf Äpfel.“
Die Reitlehrerin streicht dem Pony
über die Nüstern. „Sei bitte
etwas höflicher zu unserem Gast.“
Valentino schnaubt und mampft.

4. Fall: Was nennt man „Nüstern“?

die Nasenlöcher des Pferdes

Agnes zeigt den Kindern,
wie man ein Pony sattelt.
Schon tritt Sarah in den Steigbügel und
schwingt sich auf Wirbelwinds Rücken.
Einfach so.
„Brav“, sagt sie zufrieden.

die Augen-
brauen des
Pferdes

das Maul
des Pferdes

„Brav“, sagt auch Artur,
als er aufsteigen will. Aber
Valentino tritt plötzlich zur Seite.
Artur stolpert ins Leere und
landet auf allen vieren wie ein Käfer.
„Bleibst du wohl stehen, Racker!“,
schimpft Agnes. „Alles okay, Artur?“
Artur nickt und schaut missmutig
zu Sarah hinüber.
Er erwartet ein Kichern.
Aber es kommt nicht.

Kurz darauf sitzt er auf Valentino.
Gemächlich schreiten die beiden Ponys nebeneinander über die Koppel.
Agnes geht zwischen ihnen und hält die Zügel.
„Macht Spaß, oder?“, fragt Sarah.
Artur nickt. Er spürt den Rhythmus der Hufe und schaukelt sanft hin und her.
„Könnte man sich glatt dran gewöhnen“, denkt er.

Nach der Reitstunde kommt die Pflege.
Agnes zeigt den Kindern, wie man
mit Striegel und Kardätsche umgeht,
und sogar, wie man Hufe auskratzt.
Artur bürstet Valentinos Mähne
so lange, bis sein Pony noch besser
frisiert ist als Wirbelwind.
„Jetzt bist du fit für die Disco“,
sagt Artur und
Valentino schnaubt zufrieden.
Den nächsten Apfel frisst er
direkt aus Arturs Hand.

5. Fall: Was stimmt?
In die Stirn gekämmte
Haare heißen

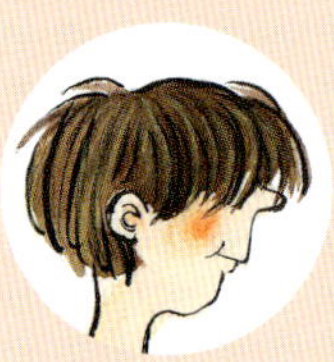

das Pony.

Beim Mittagessen sagt Sarah:
„Pferde sind ganz schön doof, oder?“
„Ziemlich.“ Artur rollt die Augen
und bläht seine Nasenlöcher auf
wie ein verrücktes Pferd.
Schmatzend verschlingt er seine Nudeln
wie Valentino seinen Apfel.

der Pony.

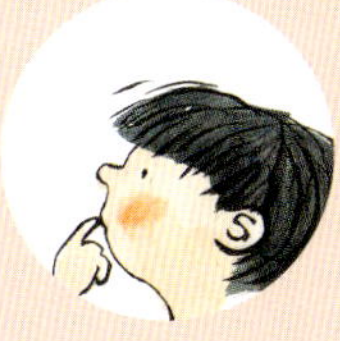

die Pony.

Am Nachmittag machen Sarah und Artur die Kutschfahrt. Eine Weile halten sie die Zügel gemeinsam. Artur schließt die Augen. Seltsam. Die Welt kommt ihm rosa vor. Die Sonne glitzert am Himmel wie ein vergoldeter Mädchenpullover. Das Rumpeln der Räder und das Klappern der Hufe klingt wie süße Musik.

Danach geht der Pferdetag zu Ende.
Zum Abschied drückt Sarah Artur
einen Zettel in die Hand.
Dann rennt sie zum Auto ihres Vaters
und schon ist sie weg.

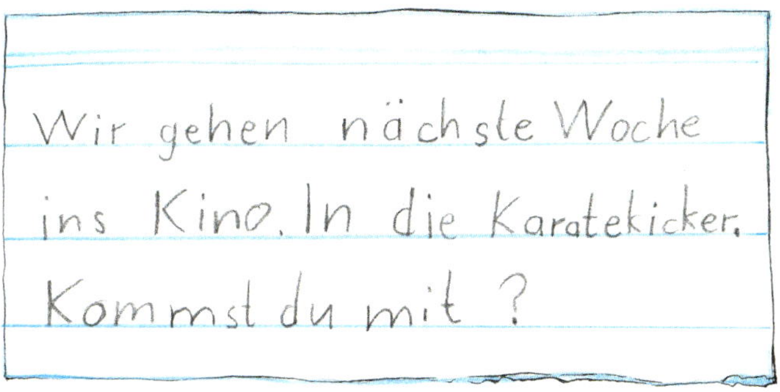

„Ja!!“ Artur reißt die Arme hoch.
Wirbelwind und Valentino heben
auf der Koppel die Köpfe und wiehern.
Es klingt fast wie Lachen.

Was sagst du dazu?

Fällt dir auch eine Mädchenkram-Liste ein?
Und eine mit Jungenkram?

Schreibe deine Liste auf und schicke sie uns!
Als Dankeschön verlosen wir unter den Einsendern zweimal jährlich tolle Buchpreise aus unserem aktuellen Programm!
Eine Auswahl der Einsendungen veröffentlichen wir außerdem unter www.lesedetektive.de.

Gefunden!
Knote den Streifen einfach
an das Lesebändchen an
und fertig ist deine Fingerabdruckkartei
für die Detektivfälle!
Für jeden Fall im Buch gibt es einen
Fingerabdruck in deiner Kartei. Diesen
Abdruck findest du bei der richtigen
Antwort im Buch wieder.